# अस्मिता

निशांत जेटली

ISBN  979-8-88805-490-1

# अनुक्रमणिका

# 1. औरत

नवजात शव में जान घुली देख माँ!

मैं जी गई तेरी वजह से,

अब प्राण मेरे हैं शंका में,

कोई है जो मुझे खींच रहा बाहर है,

मैं आ गई हूँ बाहर माँ!

तू चिन्ता मत कर,

धन्यवाद, सहने का कष्ट मेरी वजह से,

सुन्दर उजाला देख पा रही हूँ मैं,

चारों और बस तू ही खुश लग रही है माँ!

बाकी सब बेवजह से,

क्या गलती करी है मैंने?

माँ! कोई गोद ना मिल रही है मुझको,

क्या गलती करी मैंने?

माँ! कि कोस रही है दुनिया तुमको,

क्यां नियुक्ति, क्या काज,

सब सूना हो गया है मेरी आहट से,


क्या कसूर है? मेरा माँ! मुझे ये तो बतला दे,

कहीं भी जाती हूँ तो मेरी सूरत को घूरते हैं

ये भेड़िये सी नजर वाले,

क्या कसूर है मेरा माँ! मुझे ये तो बता दे।

काका की गोद भी झूटी हैं

और बाहर तो लगता है

मर्द भूल गए हैं बहनों की इज़्ज़त को
गिद्ध हैं सारे।


अब मैं पांचवीं कक्षा में
और तू शव अवस्था में
मुझको मेरा कसूर बता कर क्यूं चल दी?
अब मैं लिप्सा और तिरस्कार की जिन्दगी क्यों जियूंगी?
क्या अब मतलब मुझे कोई नही बताएगा
औरत होने का?
क्या अब रास्ता नहीं दिखाएगा कोई
मुझे संभल के चलने का?
हाँ, अब सबके लिए मैं
एक आसानी से पाने वाला उपहार हूँ,
क्या अब बाबा मुझे करेंगे उतना प्यार
जितना गर्व होना चाहिए उन्हें बेटी का बाप बनने का?


खैर, छोड़ माँ। बस तू वापिस आ जा
खून क्यूं बहने लगा है? बस इतना समझा जा।
अब बढ़ने लायक हो गई हूँ मैं,
कितने लोग देखते हैं, सब देख रही हूँ मैं।


मास्टर भी आज कन्धे को दबां रहा था
स्पर्श उसका सीने में आक्रोश ला रहा था।
बाबा भी अब घर पर कमरे में रहते हैं
रोटी बनाती हूँ तो बस डालने तक ही कह देते हैं
पढ़ाई भी दिन भर के काम करने के बाद कर पाती हूँ,
सबकी आँख खुले उससे पहले काम निपटा कर स्कूल चली जाती हूँ।

अब ये रविवार मुझे खाने लगा है
मेरे अन्दर के जख्मों को कुरेदने लगा है,
कितने सवाल अधूरे छोड़ कर
चली गई माँ मेरी मेरे लिए,
वो सारे सवाल ये रविवार मुझे पूछने लगा है।

अज फिर कुछ लोगों ने मेरा पीछा किया
मैं काली हूँ, फिर भी,
बाबा को बताऊँ कैसे?
नशे में धुत है वो अब भी,
किसी दूसरे रास्ते से, चली जाती हूँ आज,
जहाँ ज्यादा लोग हों,
लेकिन क्या फायदा
लोग तो थे बाजार में भी।

अब मैं महाविद्यालय की सीमा में
कदम रख चुकी हूँ माँ!
काश! तू देख पाती,
कितनी खुश हूँ हर जगह तेरा नाम लिखकर माँ!
कलम मानो पन्ने पर तेरा नाम -
लिखते हुए, गौरव महसूस करती हो,
और हो भी क्यों ना
अब मैं जानती हूँ क्या गर्व महसूस हुआ होगा।
जब तूने कदम रखा होगा यहां पर माँ!

समाज का रुख लेकिन अभी भी मेरी ओर रूझान है,
किस व्यवस्था में,
क्या दिन गुज़ार कर
मैं यहाँ पहुंची हूँ
सब इससे अन्जान हैं!

कभी किसी ने मुझे छुआ,
कभी किसीने मुझको बातों में छुआ,
कभी फीस के लिए बाबा से लड़ी
कभी बाबा को हस्पताल लेकर गई।

एक बात तो सच है जिसकी माँ नहीं होती,
सब रिश्तेदार उसकी माँ होते हैं।

खैर, अब किसीसे क्या मलाल?
जो बीत गया, वो कल बड़ा भयानक था,
कभी न कभी तो मुझे
आपकी जिन्दगी को दोहराना था,
मगर सवालों का अभिनव तो,
अनुभवों को भी मात देता है,

क्या सच में भगवान ने तुझे
मेरे से अलग कराना था माँ?

अब मैं शादी के लाल जोडे में,
किसी से जुड़ने जा रहीं हूँ माँ।
आशीर्वाद दे, मैं अपना धर्म निभाकर
तेरी कोख में लिए हुए संस्कारों को
काम में लाने जा रही हूँ माँ!

विश्वास कर मेरा
मैं भी खुश हूँ यहाँ अन्धेरे समाज में,
लेकिन किसी का घर जगमगाने जा रही हूँ माँ!
वो इज्जत देता है मुझे
और भेंडियों से दूर रखता है,

वो खुशी देखता है मेरी
और बेड़ियों में नहीं रखता है,
जाने अनजाने मुझसे कोई कमी हो भी जाए,
तो वो सबके सामने मेरी जुबान बनता है।

अब एक वर्ष के पर्व पर
मैं जन्म देने लायक हो गई हूँ माँ!

पीड़ा बहुत है लेकिन कान भी उठे हुए हैं,
कब होगा बेटा सब गिद्ध आँख लगाए
दरवाजों पर खड़े हुए हैं,
लेकिन यहां तो जनम
एक नन्ही सी किलकारी ने लिया है,

शायद जो भूल तूने की थी
वही पाप मैंने किया है,
लेकिन मैं इनको अन्धेरे में छोड़कर नहीं जाऊंगी,
फिर एक अस्मिता की जिन्दगी को
यूं ही नहीं गवाऊँगी।

माँ तू मेरा साथ ना दे सकी
लेकिन मैं इसका साथ जरूर निभाऊंगी।
इसके चलने से लेकर लड़ने तक का सफर
तय करवाना है मुझे,
अभी तो इसे जिन्दगी में जीना
सिखाना है मैने,

बस आँख एक बार खोलकर जी भर देख लूं इसे,
फिर तो पूरा दिन आंगन में
अपनी गोद में सुलाना है इसे।।

# 2. मानवता की लाश

क्या करूं कुछ समझ में नहीं आ रहा

साला लाश बन गया हूँ मैं कुछ महसूस किया नहीं जा रहा। जमाने को देखूं
या देखूं खुद को

सच बोलू तो अब जिया नहीं जा रहा

गरीबी इतनी बढ़ चुकी है बच्चे खाली पेट हैं

माँ क्या दूध पिलाएगी उसके अन्दर कुछ नहीं बस वेग है।

सोच रही है काम करूं या सम्भालूं इन बच्चों को

जिनको इग्नोर कर रहा देश है।


क्या मन्दिर या मस्जिद से भूख किसीकी मिटेंगी?

रस्ते पे बैठी माँ को थाली खाने को मिलेगी?

लंगर खाने के लिए भी वहाँ तक जाना होगा।

जिस माँ के पैरों में अब जान नहीं

वो शायद आज भूखी ही मरेगी।

ये चोला उतारों जो खुद को कहते मनुष्य हैं।

बात करते मानवता की और खाते प्यार में जिस्म है।

पूरा दिन दिक्कतें गिनाते हो तुम क्या मिल नहीं रहा?

और खुद को हिसाब देने से आजकल कतराते मनुष्य हैं।


तुम्हें दो कम्बल कम लगते हैं तब वह चादर में सोता है।

तुम राजमा बनाते हो

वो बिना खाए दिन गिनकर रोता है।

तुम बातें चाँद की करते हो वो बात रोटी की करता है

तुम आगे बढ़ जाते हो
वो तुम्हारी लम्बी गाड़ी से टूटी उम्मीद को फिर खोता है।
कोई लाज शरम का चोला उड़ा दो मानवता को अब।
बची नहीं इज़्ज़त उसकी बने पड़े दरिंदे हैं सब।
धंधे पर बैठा देते हैं गरीब के बच्चों को।
और जाते हैं माफी मांगने उस रब के घर।।

ऊपरवाला भी कर्मों को जोड़ रहा है शायद।
सबकी कुंडलियों को टटोल रहा है शायद।
रुहें चिल्लाएंगी जब होगा तांडव।
अभी तो लगता है सोया है शायद।।

# 3. कमी थी मेरी

मैं कभी भी तुमसे दूर नहीं जा सका,

ये मेरी कमी थी या मैं तुमको नहीं बता सका,

कि जिन्दगी में बातें सिर्फ तुमसे करना चाहता था मैं,

तुम्हारा रंग और मेरी आँखें,

एक साथ अपने बेटे में देखना चाहता था मैं,


लेकिन अब इस ख्वाब को जीने कैसे दूं,

परिंदा वही हूँ लेकिन पंख कहाँ से दूं,

कुछ इस परिंदे की रूह भी अब वजह भूल चुकी है,

इसे जिंदा रखूं तो तुम ही बताओ क्या वजह दूं?


कुछ कहना था तुम्हें मैं उस दिन भी भूल गया था,

अकेलापन अपना उस दिन अपने घर ही भूल गया था,

सिर्फ मुझसे मिलने आओगी ये ख्वाहिश का हौसला लाया था,

उस दिन भी तो तुमने मेरे जमीर को निचोड़ा था,

रास्ते पे बिना बात पूरी करे मुझे खालीपन में वापिस छोड़ा था,

तब तो तुम मेरी थी ये आस थी 'दिल में,

अब तो वजह नहीं तुम्हारे पास रुकने की शायद,

सोचता हूँ उस परिंदो को अब तैरना सिखा दूं,

मुश्किलों के बीच में शेरो की तरह ठहरना सिखा दूँ,

तुम याद तो आओगी ही जिन्दगी भर मुझे

लेकिन अब सोचता हूँ

उस याद को अन्जान एहसास देकर

खुद ही मरना सिखा दूँ।

कमी को दूर करूंगा मेरी।।

# 4. कहानी तेरी मेरी

क्या कोई अन्त 'नहीं है इस बेनाम रिश्ते का,

क्यूँ दूर जाकर भी नहीं जा पाता

क्यों पास रहकर भी नहीं रह पाता,

क्यूं खुद को गिराकर भी तुम्हैं भूल नहीं पाता,


शायद यही है कहानी हमारी,

रूह जो जिस्म को ना छोड़े ऐसी कहानी हमारी,


कभी कभी तेरी इबादत करने का मन करता है,

कभी मूरत को तोड़ देने का मन करता है,

फिर कभी तुझे सजदे में सबसे ऊपर रखकर

तेरे लिये महादेव से लड़ने का मन करता है,

फिर ज़िद पर तेरी मर्जी जानने का मन करता है,

यही है कहानी हमारी

कभी कभी तेरी रूह को

अपना बनाने का मन करता है।।


क्यों मन करता है खुशी सबसे पहले तुझे बताने का,

क्यों लगता है तू संभालने आएगी जब दर्द आएगा,

क्यों तुम्हे सब बताने का मन करता है।

ना जाने क्यों तुम्हे रब बनाने का मन

आज भी करता है।

शायद यही है कहानी तेरी मेरी

समय मेरा पल तेरे,
सांस मेरी आह तेरी,
आँख मेरी रोशनी तेरी,
नींद मेरी ख्वाब तेरे,
मन मेरा यादें तेरी,
खुशी मेरी हंसी तेरी,
जिंदगी मेरी कहानी तेरी,
कहानी मेरी जिक्र तेरा,
दिल मेरा सांसें तेरे नाम की,
प्यार मेरा इन्कार तेरा।
बस यही है कहानी तेरी मेरी।।

# 5. गरीबी

कमाया बहुत कुछ बस 'खुद' को खोया है,

दूर हुआ खुद से जिम्मेदारियों का बोझा है।

बन पाना ना बनना इससे आगे भी एक दुनिया है,

बस खुद के समय को बेचकर दूसरों को खुश रखा है।

कभी ना सोचा था यूं मोड़ भी एक आयेगा,

मैं जेब में नोट ढूंढूंगा और बैंक चिल्लाएगा।

ना खुद को सोच कर जो किया सबके लिए किया,

उस दिन मेरा बटुआ मुझे याद दिलाएगा।


ना सोचना खुद के लिए भी एक आदत है मेरी।

दिलों में प्यार जगाना एक फितरत है मेरी।

पैसो के लिए जान दूँ उस से पसन्द है गरीबी।

मैं हस जाऊँगा अगर किसी ने पैसे की बात मेरे से की भी।

अब तो ना यकीन है ना खुदी का पता सीन है।

खुद को बनाना है दिल में उम्मीद है।

कहीं खुद को पहुंचना है जिन्होंने सोचा

मैं बन नहीं पाऊँगा उनको नहीं खुदको, दिखाना है।।

कुछ ऊपरवाले से छीन कर अपनी लकीरों में

आजादी को भराना है।।

आजादी

जीने की

मरने की

करने की

रहने की

कहने की

ना जो कह सका उन सब शब्दों की जीत की,

दुनिया को बताना खुद की सोच की

आजादी कमानी है खुद की जिन्दगी की

आजादी 'रोशनी' से होने वाले अन्धेरी की

आजादी चाहिये परिन्दे जैसी,

आजादी चाहिये सच्चाई जैसी।

'सच्चाई' जो कि खुद से कहीं है अकेले में रोते हुए,

सच्चाई जो कि खुद को बतलाई

दुनिया में झूठों को टटोलते हुए

सच्चाई जो जिन्दगी बन गई है

घर का सोचते हुए

सच्चाई जो अब फर्ज बन गई है

माँ की हालत देखते हुए


बस यही करना है अब जीते हुए सोच कर खुद से

आजादी की सच्चाई को हकीकत में बदलना है,

सफल होते हुए।।

# 6. नाउम्मीदी सा इश्क

नाउम्मीदी सा इश्क करो

दिल दो

खुद को बदलों

और फिर उसके रुकने की दुआ करो,

बहुत ना उम्मीदी सा इश्क करो।।

कुछ आस न लगाओ,

कुछ बात न छुपाओं,

उसके अश्कों को भी रुमाल से पोछों

और खुद के अश्कों को भी उसके आगे छुपाओ।

उसकी हर एक कहानी सुनो, उसकी पहचान उसकी जुबानी सुनो

खुद के भी किस्से उसे सुनाओ।

इस बार जब भी करो

थोड़ा नाउम्मीदी सा इश्क करो।।


उसकी खामियाँ जो दिखती हैं वो तुम पूरी कर दो,

उसके गम जो हैं उन्हें दूर कर दो,

उसे हर बार हर,

हर रूप में,

हर लम्हे में, सुन्दर कह दो,

उसको एक घर दो,

अपनी जिन्दगी पर थोड़ा हक दो,

उसकी माँगों को पूरा कर दो,

और उसकी माँग को भर दो।

जब भी करो इस बार नाउम्मीदी का इश्क करो।।

उसको सब कहो और सब बताओ,

और अन्त में तुमही उम्मीद हो सिर्फ एक ये सच्चाई भी गिना दो।

उसके लबों की आवाज बनो,

उसकी दहाड़,

उसका आगाज बनो,

उसके इरादों को हिम्मत दो

और उसको उड़ने का साहस भी दे दो।

बस ये एक बार नाउम्मीदी सा इश्क करो।।

# 7. धुआँ

कंडे दहक रहे हैं बेबाकी से शव की अग्नि में,
फिर एक आत्मा मिल रही है करोड़ों आत्माओं की स्रोत अग्नि में,
इस बार जो गया है वो
योगी था या काम पुरुष,
फिर देखो सुलख रही है श्वेत रक्त बहाकर,
आँखें पिता के चेहरे में
क्या गुण?
क्या अवगुण?
अब सब सीमाएं लांघ गया शव का गौरव,
देखो चिता पर लेट गया है फिर एक तेजस्वी या अकर्मी मानव,
अब भोग विद्या सिखलाई है,
या इन्सानियत दिखलाई है?
क्या कर्मों की गिनती पर
ये बन पाएगा फिर से मानव?

यही जगत की रीत है।
हम जीते बिना कुछ सोचें
किन्तु मृत्यु हमेशा समीप है।
कब आएगा वो एक दिन
इसकी तलाश में हर वर्ष है,
मानव खुद को उत्साह दिलाता।
कब सूरज देखेगा अन्तिम बार
ये भी उसको मालूम न पड़ पाता।

फिर भी माया में विलीन होकर

खुद के कर्मों को खोता है?

जब शव बन कंडों से जलता है

क्या तब भी उसे मृत्यु का भय होता है?

ये जो धुंआ जो है बहुत से राज छुपाए बैठा है,

किसी की चिता के किसीकी चिन्ता के अवशेष दबाए बैठा है

फिर बादलों तक पहुँचने का सफर क्यों करना है?

जबकि सबको पता है ये जो धुंआ है

वही अन्त को छुपाए बैठा है।

# 8. सिखाया

मैं कैसे तीन लफ्जों में समेटता जो तुम्हारे
लिए महसूस करता रहा
यूँ तो नालाज़मी था प्यार 'तुम मना ही करती थी,
लेकिन मैं तो करता रहा।
कुछ ढूंढ कर खोया हुआ सा व्यक्तित्व
जागता रहा अपना तुम्हारे लिए,
या कहूं कि खुद खुदाई का इन्साफ
टालता रहा खुद के लिए
कैसे शुक्रिया करूँ तुम्हारा
जो सिखा गई, तुम मुझे इस रिश्ते में,
जो सिखा नहीं सकती थी मुझे
'गीता' या 'कुरान' की सलीखें
जब आँसुओं का, बोझा लिए फिरता था,
लेकिन सबको हंसता दिखता था,
माँ भी खिलाती थी रोटी उम्मीद में
शायद प्यार उसको भी तुम्हारा
मेरी आँखों में दिखता था।
शुक्रिया दुनिया की असलियत दिखाने के लिए।
कितना भी गुरूर हो एक चीज खुदा नहीं देता बताने के लिए।
अस्मिता (इज्ज़त) को था पाना वापिस

तुमसे दूर जाने के लिए,
शुक्रिया कांचों के बीच खड़ा हुआ
मेरी रूह को महसूस कराने के लिए।
शुक्रिया, ना हाथ देकर बचाने के लिए
तुम रानी बनोगी मेरी यह डोर ही बहुत मजबूत थी,
शुक्रिया ये डोर की सच्चाई दिखाने के लिए।
बेजान इंसान शमशान तक न जा सका
इसलिए रह गया इस जहान में अधूरेपन के लिए।
अब वो माफी भी वापिस चाहता हूँ
जो तुमने कभी मांगी नहीं
रिश्ते गहरे हैं कहती रही तुम
लेकिन रूह मेरी झांकी नहीं।
कहकर तो देखती चाहिये क्या
शायद मुहब्बत तुमने मेरी, नापी ही नहीं
फिर भी तुझे शुक्रिया में करना चाहता हूँ
क्योंकि शायद तेरी तस्वीर देख रहा था
इसलिए नस मैंने काटी नहीं।।

# 9. आ जाता होता तो

क्यों खुद ही को आज मैं रोकता हूँ
किसी को चाहने से?
क्यों खुद ही को मनाता हूँ रूठ जाने से?
क्यों उठाता हूँ खुद ही को टूट जाने से?
क्या अकेलापन ही मेरा सरमाया है?
या चाँद से उतर कर सचमुच
कोई मेरे लिए आया है।
आया भी होता तो शायद अब तक आ जाता
खामोशियों को समझकर
अकेलेपन से रुसवा करवाता,
कोई आता जो मुझे चाँद नहीं सूरज समझता
कोई आता जो मेरी सांसो पर अपना हक जमाता
ना चिट्ठी ना संदेश बस गले लगाता
और सारे ख्वाबों की गुल्लक को खोल जाता

क्यों नहीं है कोई सुबह की पहली ओस को
मेरे हाथों से छुने के लिए?
क्यों नहीं है कोई मुझे किसी दूसरे
का होने से रोकने के लिए?
क्यों नहीं है कोई जिसको नींद से
उठाने के लिए मैं सूरज को
कल आने का वास्ता दूँ?
क्यों नहीं है कोई जिसके लिए
दुनिया की लाख बुराइयाँ भुला दूँ?

होता तो अब तक आ जाता
मेरी अधूरी जिंदगी को पूरा करा जाता
रोशनी बनता मेरी
खुदा को मेरे लिए आँखें दिखा जाता,

आ जाता, अपने साथ सारे गम लेकर,
अपने साथ और कुछ नये लम्हे लेकर,
अपने साथ रंगों का पिटारा लेकर,
आ जाता मैं तुम्हारी रहूंगी सदा का नारा लेकर।।

# 10. जिन्दगी की ख्वाहिशें

जिन्दगी क्या है ख्वाहिशों का पिटारा
जिस पिटारे में हम हर रंग की सियाही से
एक माँग लिख कर रख देते हैं।
'दिल' टूटी मांग काली सियाही से,
'पैसों' की माँग हरी सियाही से,
'प्यार' की माँग गुलाबी सियाही से
और चाहता हूँ 'साथ' तुम्हारा लाल सियाही से

लेकिन क्या कभी कोई ये पन्ने पढ़ता होगा?
कभी कोई सियाही का रंग देखकर मुझपर कृपा करता होगा?
कभी उसपर इतना समय होता होगा कि वो देख सके?
कि सियाही से लिखने वाला इंसान नीचे परेशान है,
इंसान की इच्छाएं अजीब हैं लेकिन
वो सब बेईमान नहीं हैं,
किसी का दर्द कोई सह नहीं पाएगा
किसी का बच्चा आज दुआ करके मुझसे
भूखा ही सो जाएगा
क्या कभी कोई सोचता होगा
कि मुझे इन लोगों को सुकून देना है?
जिन्दगी तो दे दी अब इन्हें खुश रखना है।

कर्मा प्वांइटस देखकर हममें डिफ्रेंस क्यों करता है?
खुदी तो लाया है हमें ना अपंग बनाकर
फिर स्याही पढ़कर अनदेखा क्यों करता है?

अगर सोचता है तो उसी समय मदद क्यों नही करता
किसी का जोश आक्रोश में बदल जाता है?
सिर्फ उसकी एक चुटकी में,
किसी का भरोसा बेवफाई में बदल जाता है
सब उसकी मर्जी में
किसी का बेटा गोली खाकर कभी वापिस नहीं आता
सब उसकी देखरेख में।

जब जीवन दिया तो इच्छाएं क्यों नहीं करता पूरी?
नींद आ जाती होगी क्या उसे
जब बच्चे कचरे में जाकर सो रही।
सबका बाप बनकर क्यों बच्चों को जरूरत में
अकेला छोड़ जाता है?
क्यों सियाही से लिखने वाले लोगों के आंसुओं से
वही सियाही मिटवाता है।

फिर भी हम सब तेरी आस में बैठे रहते हैं,
पहली सांस से लेकर आखिरी तक
तुझसे खुशियाँ मांगते रहते हैं।
तुझे विश्वास से अपने अंदर एक जगह देते हैं

जब अंश हैं हम तेरे लेकिन सारांश भी हम हैं,
तो क्यों हमें मुश्किलों में हाथ में
कलम और पन्ना और सियाही पकड़ा देता है?
क्यों?

# 11. जब तू नहीं मेरा

क्यूं तेरी सिसकियां आज भी
इन कानों में गूंजती हैं,
क्यों तेरी तकलीफ आज भी
सोचकर रुक जाता हूँ।

क्यों खुद ही को रोक नहीं पाता
तेरी ताकत बनाने से,
क्यों हमसाया तेरा कमज़र्फ-सा
ख्वाब लगता है अब
क्यों तेरी हंसी चुभती नहीं अब,
किसी ओर की बाहों में तुझे देखकर,,

क्यों नजर हट जाती है अब,
तुझे खुदी में अल्लाह देखकर,,
क्यों नज़्म सा अब हर वादा
तेरा राग लगता है
क्यों शायर का ख्वाब अब
बेजान लगता है?
क्यों तेरी जुलफों में अब
साया खुदी का सोच नहीं पाता मैं,
क्यों यह जानकर तू खुश है मुझे ठुकरा कर
दिल को समझा नही पाता मैं?
जब तू नहीं मेरा तो क्यों

सवालों का जवाब दे नहीं पाता मैं?

जब तू नहीं मेरा तो

शामियाने की जान क्यों बनूँ?

जिन्दगी तो जी लूँ लेकिन सांस क्यों भरूँ?

जिन बातों में जिक्र आ सकता है तेरा

वो बात क्यों करूँ?

जिस दिल पर हक है तेरा

उसे किसी दूसरे के नाम कैसे करूँ?

मैं जिस्म में रूह को आबरू कैसे दूँ?

जब तू नहीं मेरा तो रोशनी को

हैसियत क्यों दूँ?

जब तू नही मेरा

तो आंसुओं को क्यों रोकूँ?

जब तू नही मेरा

तो जिन्दगी ही क्यों जियूं?

तो जिन्दगी ही क्यों जियूं?

तो जिन्दगी ही क्यों जियूं?

# 12. टूट गया हूँ क्या?

क्या बोलूं कि बर्बाद हो चुका हूँ अब,
या दुनियाँ की मानूं और आबाद कह दूं खुद को?
सबकी अपनी सोच है लेकिन समझते हैं जैसे,
मेरा दिल कोई खिलौना है,
टूट गया हूँ क्या?

ये सवाल जिसका जवाब हर इन्सान तलाश रहा है,
हर मोहब्बत में हर दिल्लगी से निकला हुआ,
हर शख्स इसका जवाब ढूंढ रहा है,
क्या मैं भी अब सबके जैसा हो गया?

दिल में मलाल, चेहरे पर मुस्कान
और आँखों में खुद की मुहब्बत का
कत्ल करके खुद 'मैं' घूम रहा है।
टूट गया हूँ क्या?

लगता है मानो कोई खुद ही अन्दर से पूछ रहा हो
चिता पर बैठ चुका हूँ बस कोई फूंकने से पहले
जवाब पूछ रहा हो मैं भी अब सबकी तरह हो गया?
बिना महसूस करे जिस्मों की भूख मिटाने
कोई नरभक्षी जैसे आत्मा को शमशान बनाकर आ रहा हो?

टूट गया हूँ क्या?

शायद थक गया हूँ रोज की बातों से,
बिताई हुई रातों से,
लम्हों से,
किस्सों से,
खुदगर्जी से की गई सारी फरियादों से,
रूकना तो था ही कहीं
जैसे पत्थर रुकता है सूरज की गर्मी से,
चाँदनी बिखेरता, है आसमान से पहाड़ो की सर्दी में,
वो ठंडक अब तलाशुंगा कही
क्योंकि ये पत्थर तो टूट कर बिखर गया है अन्दर ही कहीं,

# 13. हारा नहीं हूँ मैं

उसको बोल जिसको मटका समझा उसने,
रेगिस्तान की मिट्टी है।
बरसा दे जितना पानी गमों का बरसाना है
हारा नहीं हूँ।।
उसको बोल जाकर जाँच ले अपने सारे नतीजों के अलफाज़
जो उसने मेरे समय पर हंसते हुए मुझे देने हैं
वो थक ही जाएगा लेकिन घाव ही दे पाएगा,
उठूंगा दुबारा बताने उसे कि,
हारा नहीं हूँ मैं।।


उसको बोल जितने भी मौके देने हैं मुझे रोने के दे दे,
वो बर्दास्त नहीं कर पाएगा मेरी हंसी हर बार,
हारा नहीं हूँ मैं।।


उसे बोल सूरज सा जला मुझे
या छोड़ दे चाँद सा बर्फ का टुकड़ा बनाकर,
या खडा कर दे मुझे पेड़ बनाकर
धण्टो धूप में बाहर।
वो भी हैरान हो जाएगा देखकर मेरी सदाबहार क्योंकि,
हारा नहीं हूँ मैं।।
उसको बोल जान माँगकर तो देख एकबार
हथेली पर गर्दन का चढ़ावा ना चढ़े अगर हंसते हुए तो,
कहदे नहीं करता था वो मुझसे प्यार,

अरे! उसको बोल सब अपनों को पराया कर दे,

अरे! उसको बोल सब अपनों को पराया कर दें,

और कर नीलामी मेरी रूह की भरे बाजार,

हँसते हँसते उसके फैसले को अपना लूंगा मैं,

बताने उससे कि

हारा नहीं हूँ मैं हा हा हा हा हा!


उसको बोल जिसको मटका समझा उसने

वो रेगिस्तान को मिट्टी है?

बरसा दे जितना पानी गर्मों का बरसाना है,

हारा नहीं हूँ मैं।।

# 14. अधूरा हूँ पूरा कर दो

शायद सब मिल गया तुझे जानकर।

शायद रब मिल गया तुममे जानकर।

शायद खोया हुआ सुकून मिल गया तुझे जानकर।

शायद रूह मिल गई तुझे जानकर।।


या यूँ कहूँ कुछ किस्से से मिल गए।

कुछ रिश्ते से मिल गए।

कुछ साँसें सी मिल गईं।

कुछ दिल से जुड़ गए।

कुछ अपने जिन्हें कभी जाना न था साथ च चल दिये।।


अब कह रहा हूँ तो यह बता देता हूँ।

कि बड़ी प्यारी है तू, रुहदारी है तू।

जेटली की जान है आसमान से आई किस्मत है तू।

तू वही है मेरी जिन्दगी में जो पानी है प्यासे के लिए।

जो धूप है ठंडक के लिए, जो ओस है आशिक के लिए।

जो रोज है जिन्दगी के लिए।

जो समय है घड़ी के लिए, जो रूह है जिन्दगी के लिए।।

तू प्यार ना कर,

तू इकरार ना कर,

तू इन्कार ना कर,

तू बेकरार ना कर,

तू मुझे तैयार ना कर,

तू मेरी साँसों से निकली हुई आह ना बन,
तू 'जेटली' के जीने का फरमान न बन,
तू मेरी जान न बन।।

तू मेरी जान मत बन,
तू मेरी जान न बन।।

# 15. तेरी यादें

तेरी यादें मेरे दिल के कमरे में महफूज हैं,
लोग कहते वो तो चली गई अब इनका क्या यूज है,
मैं कहता हूँ उसके बिना मेरे, दिन का एक एक कतरा लूज है,
ये यादें ही हैं जो मेरी सांसों को चलने को देती हरदिन घूंस है।।

यही यादें दिल को स्टंट लगवाने की इजाजत नहीं देती,
पीने के बाद लकीरें कलाई पर बनाने की इजाजत नहीं देती,
ये यादें ही तो दिल में और किसी को आने नहीं देती,
ये यादें ही जिन्दगी के सारे गमों को कम हैं बता देती।।

ये यादें ही अब तुझ तक पहुंचने की इजाजत नहीं देती,

इन यादों को क्यूँ समेटकर बैठा हूँ मैं
ये सवाल तक पूछने की इजाजत नहीं देती।।

अब जिन्दगी में आगे बढ़ गए सब समय की तरह,
फिर ये क्यूं मेरी सांसों को आज भी,
किसी ओर की सांसों से मिलने नहीं देती।।

# 16. इन्साफ कौन करेगा?

है पीड़ बड़ी सवालाखों से भी ज्यादा,

है रीड़ हिल रही हालातों के द्वारा,

अब जिन्होंने जाने गंवाई हैं, क्या उनका इन्साफ होगा?

जो सांसों को खरीदने से चूक गए,

क्या बेचने वालों का कुछ होगा?

बात दौलत और सम्मान से कहीं ज्यादा बढ़कर थी,

बात तेरी या मेरी नहीं हर घर में एक डर की थी,

एक डर सा कालाबाजार ने पैदा कर दिया है,

अगर किसी को ऑक्सीजन चाहिये था,

तो शायद वो अब तक मर गया है,

कितने कोनों में कितनी लाशें दबी हैं,

किसी के पास जवाब नहीं,

क्यों रोता रहा बच्चा माँ के पास बैठकर?

लेकिन माँ के पास साँस नहीं,

क्यों गर्भवती होकर भी वो जानें सबकी बचाती रही?

क्यों बच्चे को कोख में रखकर भी धर्म अपना निभाती रही?

उन दोनों की जानों का इन्साफ कब मिलेगा?


खून से सूख गई आँखें रो रोकर

किसको अब नया बेड मिलेगा?

जो लाईनों में खड़े होकर जान गंवा बैठे,

उनकी जिम्मेवारी कौन लेगा? इन्साफ कौन करेगा?

इन्साफ कौन करेगा? इन्साफ कौन करेगा?

कितने हो गए अनाथ क्योंकि दवाई ही 10,000 की मिल रही थी,
कितने हो गए यतीम क्योंकि सांसे 40,000 की मिल रही थीं,
कितने आ गए सड़कों पर क्योंकि रोटी ना घर में मिल रही थी,
कितनों ने जेबें भरी शायद हैवानियत नोट गिन रही थी,
क्या इन सबका इन्साफ कोई करेगा?
गरीब की मौत का हिसाब कोई करेगा?

पैसे वाला भी मरा है इस आपदा से,
लेकिन गरीब जिसे काला बाजारी ने मारा,
उसकी बात कोई करेगा???

इन्साफ कौन करेगा?
इन्साफ करेना करेगा?
इन्साफ कौन करेगा?

# 17. वक्त फिर बदलेगा

ये जो काले अन्धेरे में घिरे हो तुम,
बिना कोई सहारे का जिक्र किये।
कोई नामुमकिन सा काम है ये बस,
मन को सुकून ना मिले,
तुम्हारे अंदर से ही एक कण अग्नी का निकलेगा,
जला देगा चिन्ताओं को और अन्धेरों को फूंक देगा
इन्तजार करो,
वक्त फिर बदलेगा।।

किसी का बुरा ना करा कभी ना किसी का बुरा सहा है,
खाना बांटा है भूखे को और खुद के अश्कों को पिया है, लाज, दामन, इज्जत,
अस्मत को
सर पर बांध कफन मीलों धरती पर रेंगा है तू,
वो खुदा भी कब तक तेरी ओर नजर करने से कतराएगा?
होसला रख,
वक्त बदलेगा।।
क्या हुआ जो वक्त आज साथ नहीं,
जो सोचा था वो सब कुछ पल और आगे चला गया,
क्या हुआ जो वक्त साथ नही?
जो भी लोग अपने बनते थे
उनका अपनापन दिख गया।
क्या हुआ जो वक्त साथ नहीं,
जो दुनिया है उसका रंग तो पता चल गया।

क्या हुआ जो वक्त साथ नहीं,
जो साथ निभाने का वादा करते थे,
उनकी जात का भी पता चल गया।
खड़ी हो,
हस खेल
खुशी मना
जो सीख मिली है उसकी ओर जिन्दगी
देख कितनी खूबसूरत है।
ये तेरा दिल भी देखेगा।
यकीन मान
वक्त फिर बदलेगा।।

# 18. अब करार आने लगा है

तुझे नाराज करके मनाने में स्वाद आने लगा है।
मुझे पता है तू मेरा ना है ना बनेगा।
लेकिन अब तेरी करवटों का ख्याल रखने में करार आने आने लगा है।
मुझे पता है ये दिल लगाने की कमजर्फ आदत है तेरी पुरानी।
लेकिन अब आदतों को अपनाने में लगा है। करार आने लगा है।

कुछ लाल सा हो जाता है चेहरा तेरा
मेरे मजाक को सुनकर।
कुछ नम सी हो जाती हैं जो आँखे तेरी
आज भी अतीत बताकर।
कुछ चाल ज्यादा इतराईयत हो जाती है तेरी
मेरी नजरों को खुद पर महसूस करके।
अब तेरे आँसुओं को पोंछने के लिए रूमाल आने लगा है।
तुझे देखने भर में करार आने लगा है।।

कई किस्से है तेरी दोस्तियों के जो जग को समझ नहीं आते,
तेरे गालों पर लकीरें आज भी दिखती हैं मुझे,
शायद खाए थे तूने रूह पर चांटे।
शायद टूटी हुई गुड़िया बनाकर छोड़ दिया था तेरे ही एक दोस्त ने तुम्हे,
बिना गर्मी का सूरज बन गई थी तू शायद थोड़े वक्त
के लिए।
लेकिन अब तेरी हर किरण में गर्मी का ज्वालामुखी देखकर,
दुआएं देता हूँ तुझे

लेकिन कारण खुद को समझकर करार आने लगा है।
तुम्हें देख भरने से ही करार आने लगा है।
करार आने लगा है।
करार आने लगा है।।

# 19. अजनबी बन गये

चलो एक बार फिर से अजनबी बन ही गए हम,

ना बातें होंगी, ना खुशी खुशी

परेशानियाँ बाँटेंगे किसीसे,

ना मैं तुम्हे सुलाऊँगा,

ना तुम मुझे जगाओगी,

ना फरियादें होंगी साथ रहने की,

ना खुदा को लड़ना पड़ेगा इन्सानों से,

हमें साथ रखने के लिए।

चलो फिर से अजनबी बन ही गए हम।।

अब साथ गवारा नहीं था तो चीजे लौटा देती मेरी,

जैसे कि वो पल,

जब मैंने तुम्हें पहली बार बाहों में भरकर,

सुकून महसूस किया था,

या मैंने तुम्हारा हाथ पकड़कर तुम्हे कहा था,

कि मैं हूँ यहाँ अन्त तक और तुमने मुस्कुरा दिया था,

चलो वो सारे झगड़े ही वापिस कर दो,

जो मैंने अपनी बहन से करे थे तुम्हें अपनी जिंदगी बनाने के लिए,

खैर छोड़ो, हम अजनबी बन ही गए।

अब अलग हुए हैं तो तुम कुछ सवालों के जवाब ही दे दो,

जैसे कि, क्यों बिना मर्जी के सबसे तुमने मुझे वादे कर दिए थे तोड़ने के लिए?

वो जो सपना था तुम्हारा सलेटी रंग के पर्दा के साथ खुद का कमरा बनाने का,

वो ले जाओ।

वो जो तस्वीर सोची थी तुमने मेरे साथ जो बैड के ऊपर लगानी थी,

वो वादा भी ले जाओ,

तुमने मेरी माँ को हमेशा माँ कहा था,

वो आज भी तुम्हें ही बहू मानकर बैठी है,

उसको समझा दो।

एक बार दुबारा से घर में आकर सबको मेरा अन्त दिखा दो।

चलो छोड़ो अब हम अजनबी बन ही गए हैं तो।।

# 20. पोरस

घोड़ों का अस्तबल नहीं
हाथियों का घेरा था,
सिकन्दर ने देखा पोरस की आंखों में रक्त का भेरा था,
हिनहिनाने से ज्यादा चिंघाड़ने की आवाजों से,
सांसे सूख गयी थी सिकन्दर की,
मानो शान्त समुन्दर में
बिजलियों की कंपन मचा दी हो,
जो बादलों के गर्भ में थी,


(1) पन्ने जला दोगे लेकिन खून कहाँ से मिटाओगे,
इतिहास मिटा लोगे लेकिन वाणी कहाँ छीन पाओगे?
दूर देश की मिट्टी नहीं अपने ही हिन्दुस्तान का बेटा था
वीर रस नहीं गाओगे लेकिन रक्त उबाल कहाँ रोक पाओगे।


(2) ये 326 बीसी की कहानी है
जो इतिहास के पन्नों की चीखों में सुनानी है,
झाईफोस का मुकाबला था साधारण तलवार से,
15 लाख का सामना था 30000 की हुंकार से,
लेकिन मौत है क्या?
पुरुषोत्तम को मानों पता ही नहीं था,
ज्वालामुखी का सामना था सूरज की भाप से।

(3) झुकना तो मिट्टी ने सिखाया ही नहीं था
कोई झुकाने वाला कभी आया ही नहीं था,
थे जीव जन्तु हुक्म मानते उसका,
ऐसा पौरुष अभी हिन्दुस्तान में,
किसी ने दिखाया ही नहीं था।

(4) मानो मौत नाच रही हो,
घुंघरू पहनकर आँगन में घर के,
मानो यमराज साथ दे रहा हो पुरु का,
हाथियों में उसके साथ चढ़ के,

(5) अन्धेरा कर दिया था,
30 फीट के हाथियों ने भरी रणभूमि में,
अकेला दहाड़ा था शेर गज पर चढ़ कर,
मानो मौत लहू माँग रही हो,
तूफानों के सिर चढ़ के,

(6) चींटियों की भीड़ पर एक हाथी बहुत है,
सिकन्दर की अनगिनत सेना सही,
मेरा एक पुरुषोत्तम बहुत है,
सेना पति रिपुदमन,
मानो लहू का स्नान करने को उत्तेजित हो,
शांखनाद फीका पढ़ गया था,
हर हर महादेव का नारा बहुत है।

(7) मिट्टी! मेरी सौगंध है,
मैं माँ से पहले तुझे चाहूंगा,
था सिकन्दर सामने खड़ा लेकिन,
रेत भर भी मुट्टी ना भरने दूंगा,
मेरा वादा है,
कतरा भी बचा तो तलवार पर लुटा दूंगा,
मुझसे पहले के वीरों की याद
आज फिर से तुझे करा दूंगा।

(8) युद्व आरम्भ हुआ,
धोड़े कुचले जा रहे थे,
हाथ कहाँ पहुंचते 5 फीटिये के,
आठ फीट के मानव हाथियों से रौंदे जा रहे थे,
हिन्दुस्तान की भूमि को बन्दी बनाने आया था,
खून समुन्दर लाशें तैरती हुई देख कर,
कंकाल भैरव भी वाह! वाह! बोले जा रहा था।

(9) ऐसी विशाल सेना जो धरती पर हाहाकार मचा दे,
पाँच भाले खाकर भी
ना शान्त रहे सिकन्दर के पियादे,
रक्त बह रहा,
मानो जैसे रक्त नहीं पानी,
घोड़े की आंतों पर पाँव रख हाथी आगे बढ़ता था,
कितने कुचले जाते?
इसका हिसाब बस वक्त रखता था।

(10) कुछ मचलते मनुष्य हाथियों पर चढ़ना चाहते थे,
भाला छाती पर या मुंह पर या सिर के बीच,
छेद कराते थे,
तभी कुछ को हाथी अपनी सूंडा में भरकर फेंक रहे थे,
मानो पुरु का काम समझ कर,
गज भी शस्त्र निकाल रहे थे।


(11) हड्डियाँ, हाथ, तलवारें, नाक
सभी जमीन पर पड़ा हुआ था,
कोई ढूंढो अहंकार वीर सिकन्दर का
वो युद्ध आरंभ में,
छुपकर खो चुका है,
भाला मारा पुरु ने तो कैरुक्स की छाती भेद दी,
दूर खड़ा देखता रहा सिकन्दर,
मानो उसकी सांसे सूख गई।


(12) कहाँ गई पचास हजार सेना पहले दिन?
किसी को पता नहीं,
छुपता रहा वीर सिकन्दर पूरे युद्ध में,
हाथियों की सिर्फ धूल मिली है,
जब मृत्यु स्वयं तिलक करे तो कौन झुकता है,
शायद इसका आभास सिकन्दर को नहीं था,
वो एक 23 साल के युवक की आंखों में,
अपना काल देख नहीं सका था।

(13) शायद कुछ छोड़े और ले जाता,
तो जीत सकता था, 'की सोच थी'।
और वहाँ रात को युद्ध से जख्मी हाथियों को,
मलहम की भूख थी,
संस्कार ही तो अलग थे दुनिया से,
इसीलिए दुनिया आकर्षित होती थी,
है करनी तुमसे बातचीत संधि की,
ये भी एक अधूरी कोशिश थी।

था दूसरा दिन और निर्णय अब पोरस के वश में था,
सिकन्दर ने भी आज पाया फेंका बहुत कसकर था,
आज बाताया उसने कि दुनिया कैसे जीती
धोखे से ले आया पोरस को बीच समुन्दर
और भालों की नियुक्ति से रक्त की डोर सींची।

(14) वीर खिलौना मौत का
बलशाली के लिए हसने का खेल है,
जो दुनिया को जीत गया
वो अभी भी मौत के तांडव के समीप है,
फिर एक बार रुख मोड़ा पोरस ने,
और बेटों की बली चढ़ाई
इस मिट्टी पर खून मिला हुआ है
9000 सैनिक और 80000 मैसा डोनियन जमाई,

(15) अजय और विक्रम की दृष्टि पड़ी
पिता को फंसा देख,
डर जाता कोई और होता,
लेकिन पुरू वंश के थे वो बच्चे नेक,
तलवारें निकाली उंगलियों से सिकन्दर के सैनिकों की,
और छेड़ दिया मल्लयुद्ध सिकन्दर से
नंगी तलवारों के दम पर एक।


(15) छाती में था रक्त हृदय और जिगरा जमकर,
हंसते-हंसते सिर कटवा दिया था विक्रम ने तट पर,
अजय का गुस्सा अभी भी बाकी था,
सौ सैनिकों को मार चुका था
अब अगला निशाना, पटोलमी नामक सेनापति था,
एक हाथ, दो आखें, गुस्सा जिससे धरती कांपे,
मानो प्राण देने को अग्रसर था।


(16) दो हाथों वाला पटोलमी भी
डरकर तलवार चला गया,
था बारह साल का लडका
रक्त से लदा हुआ
पटोलनी की आँखों ने ध्यान दिया,
समझता था हमेशा अमर खुद को,
तभी पिता का प्यारा था,

(17) पिता पर मंडराती मृत्यु ने
उसे बाहें खोलकर पुकारा था,
घुसेड़ी थी तलवार, आंते अलग कर दी थी,
लेकिन अजय मरते नहीं उनपर,
मौत की चादर भी उसका इन्तेजार कर रही थी,
मरते वक्त भी पिता को बचा गया,
पटोलमी के दिल को चीरता हुआ
उसी के ऊपर अजय कराह गया,

(18) था आखिरी दिन या विजय या वीरगति,
सिकन्दर का माथा भी ठनका था,
दूर से बादलों से खेलता पोरस
मानो महादेव की गोद में सर रख ला रहा था,
सिकन्दर के सात सेनापति वीरगति को प्यारे हो चुके थे,
पोरस मृत्यु का मजाक बनाकर
बेटों की चिता को जलाकर आ रहा था।

(19) भयभीत तो अब मानो राजाओं का राजा था,
उसने पोरस की ताकत को शायद कम आंका था,
देशप्रेम की भावना के आगे
अब सब करुणा पुरानी थी,
अभी कहा तू जीतेगा सिकन्दर?
चिल्लाता हुआ पोरस आगे बढ़ रहा था।

(20) फिर एक नियुक्ति जो सिकन्दर को राजा बोलने पर मजबूर कर गई,
हाथी का माथा तो ढका था
पर पैरों पर कोई ढोल नहीं,
बस पुरु सेना ये चूक कर गई,
वो भाले चलाते नाखुनों पर,
और हाथी गिरने शुरू हुए,
मस्तक न रहा सैनिकों के घड़ पर
जब धरती में खून मिलने शुरू हुए।

(21) पर अन्त तो अभी भी बाकी था
50,000 की बयी सेना से
15,000 पुरुओं का पाला था,
थके हुए कर्धों में मानो जान फूंक गई थी,
एक दहाड़ पोरस की मानो शेर से भी
आगे उसके दुश्मनों के दिलों में घर कर गई थी,
है यही अन्त तो मंज़ूर था उसे,
लेकिन बढ़ाना चाहता था
कि "माँ देख - मेरी कसम अभी पूर्ण नहीं हुई"।

(22) हाथ कटे हुए उंगलियों में तलवारें,
मस्तकों में हंसी मानो मृत्यु नहीं
मोक्ष था पुकारे,
धड़ किसका और मुख किसका,
ये तो खुद की माँ भी ना बता पाए,
मूछों को ताव देते हुए ना जाने कितने वीर,
झेलम को रक्त स्नान करा गए।

(23) अन्त में शोक मनाता सिकन्दर आया
पुरु के खेमे में,
कहता युद्ध बन्द करो अब
कोई आग बची नही है सीने में,
बेटे तुमने खोए और 12 भाई मैंने,
पोरस हसा और कहता,
इससे ज्यादा उबाल है इस मिट्टी के खिलौने में,
उसका पौरुष देखकर वो मनमोहित हो गया,
सम्मान करा पोरस का और उससे संधि कर गया,
यही पर 5 दिन पहले नजर रखता राजा
आज, 23 साल के युवक को
अपनी तलवार भेंट कर गया,

यही पुरु दास्तान है जो पोरस बदनसीब की
किसी को याद नहीं
सबसे साहसी पुरुष का
'पुरुषोत्तम' असली नाम था ये सबको ज्ञात नही,
है वीर पोरस,
उसे अमर रखो
क्योंकि सिकन्दर को
कभी कोई और रोक सका नहीं।।

# 21. तुम मेरी उम्मीद लेकर चली गई हो

पहले रहता था मैं खुश,

अब उदास हो गया हूँ,

सपनों का शहजादा था

अब नींद को तरस गया हूँ।

मेरी हंसी भी मेरी नींद के साथ

तुम्हारी रुसवाई सी चली गई है,

मेरा गुरू,

मेरा व्यक्तित्त्व,

मेरे सपनों को अब मैं देखने के लिए तरस गया हूँ।

तुम मेरी उम्मीद लेकर चली गई हो उसे वापिस कर दो।।

जब भी आँख खुलती है

तो तुम्हारा ख्याल सबसे पहले आता है

चैखट पर जब भी कोई आता है,

तो दिल में अलग दर्द सा उमड़ जाता है,

इस दर्द को मायूसी का नहीं,

उम्मीद का नाम दूंगा मैं,

क्योंकि आज भी मेरा दिल

तुम्हारे चैखट पर आने की

दुआ चाहता है।

अब मेरे ख्वाबों पर से कम से कम,

अपना धुंधला पर्दा हटा दो,

तुम मेरी उम्मीद लेकर चली गई हो,

उसे लौटा दो।

महफिल का रंग सुना होगा तुमने,

मैं महफिल में अब गुमसुम बैठा हूँ,

जाम और यारों का मिलना सुना होगा तुमने,

मैं, अब सिर्फ एक ग्लास को हथेली में

रखता हूँ

बहुत किस्से थे,

कहानियाँ थी,

सपने थे,

और वादे थे खुद से,

तुमने हँसते हुए देखा होगा मुझे,

अब मैं सिर्फ यारों की बातों में चुप बैठता हूँ,

क्या ऐसा छोड़कर जाना था मुझे?

बता दो

क्या यही मुझे बनाना था?

ब्ता दो मुझे।

तुम मेरी उम्मीद लेकर चली गई हो,

उसे लौटा दो मुझे।

तुम मेरी उम्मीद लेकर चली गई हो लौटा दो।

उसे लौटा दो

# 22. कौन हो तुम

कहीं सुना था मैंने कि प्यार एक झलक में हो जता है,
कहीं महसूस किया था कि इजहार पहली बार में भी हो जाता है,
अब एहसास सा कुछ सीने में दबा कर बैठा हूँ,
आइने के हर टुकड़े में तुझे सजाकर बैठा हूँ,
बषर्ते तुम आयोगी जरूर इसकी लगाकर उम्मीद बैठा हूँ।।

कौन हो तुम?
कहीं सीने का शोर तो नहीं?
कौन हो तुम?
कहीं हर दिन की तीन साँसें छुड़वाने वाली चीज तो नहीं,
कौन हो तुम?
जो कल्पना से मेरे बाहर आ गई है,
कौन हो तुम?
जिसने हर ख्वाब को आग दे दी है।।

तुम शायद वो तो नहीं जिसको मैं रब से माँगा करता था,
रोता था अकेलेपन में खुद को कोसता,
और उजाले में उसको मांगा करता था।
तुम वो भी हो सकती हो
जिसका चेहरा सिर्फ परछाई में दिखता था मुझे,
या सच बोलू तो हजार बार,
ख्वाब जैसा यार लगता था मुझे।।

तुम वही हो जिसे खोने से अब डरने लगा हूँ,
बातें तो बहुत हैं लेकिन आजकल सिर्फ,
तुम्हारा जिक्र करने लगा हूँ।।

तुम वही हो शायद जिसकी वजह से
दोस्त खुश हो रखे हैं।
रूह को रंग देने में शायद तुम्हें ही हम ढूंढने लगे हैं,
अब पन्नों पर तेरा नाम लिखकर मिटा देता हूँ मैं,
थोड़ी ज्यादा पीकर तुम्हारी तस्वीर को रिपीट पर लगा देता हूँ मैं,
अब क्या बताऊँ कितना करता हूँ इन्तजार मैं,
अब पता तो तुम्हें भी है कि यही होता है प्यार में।।

कौन हो तुम?
शायद मेरा करार हो तुम!
या फिर प्यार हो तुम!

कौन हो मेरी???

# 23. है हिन्दुस्तानी खून तुझमें

समय बदल,

हुंकार लगा,

मनुष्यता साबित कर,

है इन्सान तू

ये परिभाषा वाकिफ कर,

ठोकरों के टुकड़ों पर पलने वाला ना जीव,

है हिन्दुस्तानी खुन तुझमें,

खड़ा हो और साबित कर,


उन पर्वतों वालों को सिखला कि कैलाश अभी भी हमारा है,

महाराज (शिवाजी) की तलवार टूटी नहीं,

अभी उसमें खून का भी उबाला है,

कुछ लोग जो जगह भूल गए हैं,

मेरी मिट्टी को गन्दी नजर से देख रहे हैं,

उन सबका बक्कल उतरवाना है।

है हिन्दुस्तानी खून तुझमे,

खड़ा हो साबित करके दिखाना है।


कि परदे में ढक कर रखा था मैंने माँ को अपनी,

वो अब बिछोना है,

पुतली निकाल फेंकनी है जो नजर बुरी डाते बहन पर,

और लाशों की गिनती नहीं होनी चाहिये इस बार,

जो कोई हाथ दामन पर डाले हिन्दुस्तान के,

है मौत क्या चीज़ वीर के लिए सिर्फ एक खिलौना है,
है हिन्दुस्तानी खून तुझमें चल अब गौरवन्वित होना है।

है हिन्दुस्तानी खून तुझमें।
है हिन्दुस्तानी खून तुममें।

# 24. सबके सपनों की कहानी

कहानी कहाँ से षुरू करूँ?
बताना बहुत चाहता हूँ ,
लेकिन शोक कहाँ से प्रकट करूँ?
मातम में तो आए हैं सब मेरे सपनों के,
मैं जिसने खुद जलाया उन्हें,
वो बात कहाँ से शुरू करूँ?
ये कहानी नहीं सच्चाई है,
हम मध्य वर्ग के लड़कों की।।

माँ के संस्कार और बाप की इज्ज़त तले दबे रहना,
बिना मांगे किसी से कोई उम्मीद।
ये सब वहाँ से शुरू हुआ,
जहाँ निवाला खिलाया माँ ने पहला।
ये सब वहाँ से शुरू हुआ,
जब कहा पहली बार इन्सान को पापा,
सब वहाँ से शुरू हुआ,
जब घर में वंश चलाने वाला बना,
ये सब वहाँ से शुरू हुआ
ज्ब नहीं था कोई सपनों की उड़ान को रोकने वाला।।

फिर अब क्यों जिम्मेदारियों के बोझ के नीचे,
मैं खुद को खो रहा हूँ?
क्यों भीड़ का हिस्सा बनने की कोशिश कर रहा हूँ?

क्यों अपने बनाए उसूलों को तोड़ने की रट लगा रहा हूँ?
शायद बाप की तनख्वाह नहीं आती अब इसलिए?
या दादा की पेंशन से नहीं सिल पा रही है,
छोटे भाई की कमीजें।।
या वो जो किरायेदार है वो पैसा नहीं दे रहा,
या जो पैसा दिया था उसे कोई वापिस नहीं कर रहा,
फिर भी मैं अपने सपनों को किनारा कर रहा हूँ।
जो सबकी सोच रहा है उसकी कोई नहीं सोचता,
यही समझकर जिये जा रहा हूँ।
क्या मैं सचमुच खुश हूँ? मालूम नहीं।
क्या खुदा से बिछड़ा हुआ अनाथ हूँ? बिल्कुल नहीं।

बस फर्क है, अमीरों की लकीरों में तकदीरें हैं शायद।
और मेरे हिस्से में सिर्फ किस्से हैं शायद।
क्या मैं दिखता भी हूँ, महादेव को कर्म करता हुआ?
क्या मैं दिखता भी हूँ शंकर को अन्धेरे में डूबता हुआ?
क्या मैं अपने अंदर ही अब खो गया हूँ?
क्या मैं खुद नाउम्मीद का हो गया हूँ?

पर अब ना उम्मीद हो नहीं सकता मैं।
अब खुद के व्यक्तित्व को खो नहीं सकता मैं।
हाँ खुद से खुद की लड़ाई है,
बिना खुदाई के सहारे की।
लेकिन अपनी माँ के सिखाए फर्ज को
खुदगर्जी में डुबो नहीं सकता मैं।।

मुझ पर हक भी इस परिवार का है,
जो कभी कभी मेरे लिए खाना भी नहीं बचाता।
मुझ पर हक इस बाप का है,
जो लगता है मुझे अपने सगो जितना प्यार नहीं करता।

मुझ पर हक शायद माँ का है,
जो रोज सोचती है मेरा बेटा अब हंसा नहीं करता,
या मुझपर हक अब संस्कार का है,
जो अब सपना और रोटी में परिवार को है चुनता।।
ऐ मेरे सपने!
तुझे मैंने क्यों देखा?
ऐ मेरे महबूब!
तुझे मैंने वादे ही क्यों करे?
जब तकदीर ही नहीं थी तेरी गली में घर बसाने की,
तो ऐ मेरी भूली पहचान!
तूने मुझे उस गली के रास्ते को नींद में क्यों दिखाया?
अब तू घुटता रह यहाँ बैठकर,
देख तेरा इन्सान चल रहा है धर्म के साथ रथ पर,
तुम्हें दोष भी क्या दूं मैं?
तेरी भी क्या गलती?
बस तेरी लाश पर खड़ी मेरी धर्म की दीवार है।

क्या सोचा मैंने सब?
क्या सपने देखे?
क्यों?
क्यों?

# 25. इन्सान

ना गीता का है ज्ञान मुझे,
ना हिन्दू मुस्लिम ईमान मुझे,
रग-रग में पैसा दौड़ाता हूँ ,
और कहते हैं इन्सान मुझे।।


मैं वही हूँ जो कभी रामचन्द्र सा सीधा था,
मैं वही हूँ जो कभी धर्म की बातें करता था,
मैं वही हूँ जो कभी सीता मैया को माँ का दरजा देता था,
मैं वही है जो कभी शहीदों की राख को मस्तक से लगाकर जीता था,
मैं वहीं हूँ जो कभी अर्जुन को याद कर निद्रा व्यंग में उड़ा देता था।।


मैं वही हूँ जो माँ के आँचल को संभाला करता था,
मैं वही ऋषि का अंश हूँ जो जटा से गंगा बहा देता था,
मैं चाँद की विद्या को बरसों पहले बच्चों को सिखा देता था,
अब कहाँ गया वो अन्दर का रक्त किसी को पता नहीं,
इन्सान कहता हूँ खुद को और आत्मा को जवाब देता नहीं,


अब मदिरा पीकर व्यंग मैं खुद के ऊपर कर जाता हूँ,
बल तो अपना खोही चुका हूँ बस इज्जत को रोज डुबाता हूँ,


ना अंश था कभी चला भीड़ में
लेकिन फिर भी बकरी बन जाता हूँ।
रोज मांस खाकर मदिरा पीकर
हैसियत में अपनी घुस पाता हूँ।
इंसानियत को खोकर ही तो अब इंसान कहलाता हूँ।।
इंसानियत को खोकर ही तो अब इंसान कहलाता हूँ।।

(2) जो खून बहनों की रक्षा में गया था,
अब बचा थोड़ी है मुझमें,
जो ज़िद हिन्दुस्तान को बढ़ाने की थी,
वह बची नहीं है मुझमें,
जो नीयत पैसे को लौटाने की थी,
अब बची कहां है मुझमें,
जो मिट्टी के लिए लड़ जाने में थी,
वो जान कहां बची है मुझमें,
जो देश के लिए रक्त बहाने की शान थी,
कहां है अब मुझमें
बस खाली बन्दूक सा अब मैं,
किसी पर भी भड़क जाता हूँ,
बस इज्जत को लूटने के लिए
झुंड अब बनाता हूँ,
बस पैसे को कमाने लिये
अपना देश ठुकराता हूँ,
बस अमीर बनने के लिए दूसरे भाई को दबाता हूँ,
अब क्या बताऊं मैं भारत को
'माँ' लिखने के लिए लिख जाता हूँ,
बस पैसे की दौड़ में
भारत को बेचना शुरू कर देता हूँ,
खुद की सोच कर जरूरतमंद को रगड़ देता हूँ,
इंसान सोचकर इन्सानियत को दगा देता हूँ,
बस भगवान सोचकर जी नहीं सकता
इसलिए पैसा सोचकर खुद को जगा लेता हूँ,
अब मृत तो कहला नहीं सकता इसलिए इंसान कहलाता हूँ,
बस इसलिए इंसान कहलाता हूँ।
बस इसलिए इंसान कहलाता हूँ।।